À Titouan et Benjamin,
merci, merci !

Photo de couverture :
Moelleux au haddok, coeur aneth.
Retrouvez la recette page 50

www.editions-mango.com

Isabel Brancq-Lepage

Craquez pour les moelleux salés !

30 recettes au cœur coulant

Photos : Gwenaël Quantin

MANGO

Sommaire

Préface

Certains mots ont le pouvoir d'attiser ma gourmandise...
« Moelleux » en fait partie !

Après m'être fait la main sur les moelleux sucrés, j'ai pensé qu'une déclinaison de recettes salées devait être possible, tout comme les cakes, à leur époque, mais en plus gourmands et toujours aussi simples. Chouette ! Voilà comment ce livre est né.

Toutes les recettes que je vous propose ici sont ultra-faciles à réaliser, la clé de la réussite résidant uniquement dans le temps de cuisson.

Selon le format des moules (mini, petits ou moyens) et leur matière (porcelaine, verre, aluminium, silicone…) augmentez ou diminuez le temps de cuisson.

Et puis surtout, régalez-vous et devenez créatif, il y a tellement de recettes possibles !

Bon appétit et craquez !

Isabel Brancq-Lepage

www.mespetitesrecettesfaciles.typepad.com

Moelleux carotte-curry

Préparation
15 minutes

Cuisson
15 minutes

Ingrédients pour 6 moelleux
100 g de purée de carottes
3 œufs
60 g de farine
100 g de beaufort râpé
20 cl de lait
1 cuillerée à café de curry en poudre
30 g de beurre doux

/ Préchauffez le four à 210 °C (th. 7).

/ Dans une casserole, faites chauffer le lait. Ajoutez le fromage râpé et le beurre. Laissez-les fondre en remuant puis incorporez la purée de carottes et le curry. Mélangez bien le tout et retirez du feu.

/ Dans un saladier, battez les œufs en omelette. Ajoutez progressivement la farine tamisée et mélangez à l'aide d'une fourchette. Incorporez la purée de carottes au curry et mélangez à nouveau.

/ Répartissez la préparation dans 6 moules individuels. Enfournez et faites cuire 15 minutes.

/ Laissez légèrement tiédir vos moelleux avant de les démouler.

Bon à savoir !

Servez ces moelleux avec une salade de carotte, betterave et chou blanc, par exemple.

Vous pouvez remplacer le curry par de la coriandre ou du romarin. Réservez 6 cuillerées à café de purée de carottes nature et déposez 1 cuillerée au centre de chaque moelleux avant la cuisson.

Les moelleux se congèlent très bien. Dans ce cas, faites-les cuire à four chaud encore congelés pendant 18 minutes.

Moelleux petits pois-ricotta

Préparation
10 minutes

Cuisson
18 à 20 minutes

Ingrédients pour 6 moelleux
100 g de petits pois surgelés
140 g de ricotta
3 œufs
20 g de gruyère râpé
60 g de farine
25 cl de lait
40 g de beurre demi-sel
Gros sel
Poivre du moulin

/ Faites cuire les petits pois 10 minutes dans une casserole d'eau bouillante salée.
/ Égouttez-les et mixez-les avec la ricotta.
/ Préchauffez le four à 210 °C (th. 7).
/ Dans un saladier, battez les œufs en omelette. Ajoutez progressivement la farine tamisée et mélangez à l'aide d'une fourchette.
/ Dans une casserole, faites chauffer le lait avec le beurre coupé en morceaux.
/ Lorsque le beurre est fondu, versez le lait chaud dans le saladier. Mélangez puis incorporez la purée de petits pois. Poivrez.
/ Répartissez la préparation dans 6 moules individuels et saupoudrez de gruyère râpé.
/ Enfournez et faites cuire 18 à 20 minutes selon la taille de vos moules.
/ Laissez légèrement tiédir vos moelleux avant de les démouler.

Bon à savoir !
Servez ces moelleux avec une brochette de viande, en apéritif dînatoire ou en pique-nique. La ricotta peut être remplacée par un fromage persillé de type Boursin®, Tartare® ou Rondelé®.
Une branche d'estragon ajoutée à la cuisson des petits pois les parfumera agréablement.
Pour des moelleux encore plus onctueux, ajoutez au centre de chacun avant cuisson 1 cuillerée à café de béchamel froide.

Petits moelleux au potiron, cœur béchamel

Préparation
25 minutes
+ 1 heure au réfrigérateur

Cuisson
15 minutes

Ingrédients pour 8 moelleux
100 g de soupe de potiron
100 g de mimolette vieille râpée
3 œufs
60 g de farine
15 cl de lait
30 g de beurre doux

Pour la béchamel :
1 cuillerée à soupe de farine
15 cl de lait
20 g de beurre

/ Préparez la béchamel : faites fondre le beurre dans une petite casserole. Saupoudrez de farine et mélangez avec une cuillère en bois. Ajoutez le lait petit à petit tout en le mélangeant à la farine. Faites cuire sans cesser de remuer jusqu'à l'obtention d'une consistance épaisse. Laissez refroidir la béchamel avant de la réserver 1 heure au réfrigérateur.
/ Préchauffez le four à 210 °C (th. 7).
/ Dans une casserole, faites chauffer le lait. Ajoutez le fromage râpé et le beurre. Laissez-les fondre en remuant puis incorporez la soupe de potiron. Mélangez le tout et retirez du feu.
/ Dans un saladier, battez les œufs en omelette. Ajoutez la farine tamisée progressivement et mélangez à l'aide d'une fourchette.
/ Incorporez la soupe de potiron dans le saladier et mélangez à nouveau.
/ Répartissez la préparation dans 8 moules individuels. Versez au centre de chacun 1 bonne cuillerée à café de béchamel froide. Enfournez et faites cuire 15 minutes.
/ Laissez légèrement tiédir vos moelleux avant de les démouler.

Bon à savoir !
Vous pouvez remplacer la soupe de potiron par une autre soupe de légumes : petits pois, asperge, tomate ou carotte.
Parfumez la béchamel avec de la noix de muscade, c'est délicieux !

Verrines de moelleux aux herbes de Provence, cœur tomate

Préparation
15 minutes
+ 2 heures au congélateur

Cuisson
15 minutes

Ingrédients pour 6 moelleux
120 g de coulis de tomate
2 œufs entiers + 1 jaune
120 g de parmesan râpé
60 g de farine
20 cl de lait
1 cuillerée à soupe bombée d'herbes de Provence
30 g de beurre doux
+ un peu pour les moules

/ Répartissez le coulis de tomate dans 6 cubes à glaçons et réservez 2 heures au congélateur.
/ Préchauffez le four à 210 °C (th. 7).
/ Dans un saladier, battez les œufs entiers avec le jaune. Ajoutez progressivement la farine tamisée et mélangez vigoureusement avec une fourchette.
/ Dans une casserole, faites chauffer le lait avec le beurre coupé en morceaux et le parmesan râpé. Mélangez rapidement pour incorporer le fromage. Ajoutez les herbes de Provence.
/ Versez un tiers de cette préparation dans le saladier et mélangez. Ajoutez le reste et mélangez à nouveau de manière à obtenir une pâte homogène.
/ Répartissez la moitié de cette pâte dans 6 moules individuels (ou verres résistants à la chaleur) beurrés.
/ Déposez 1 glaçon de tomate au centre de chacun et recouvrez de pâte.
/ Enfournez et faites cuire 15 minutes.
/ Laissez tiédir vos moelleux avant de les démouler.

Bon à savoir !
Accompagnez ces moelleux d'une soupe glacée au concombre ou à la tomate. Vous pouvez remplacer les herbes de Provence par du thym, de la coriandre, du pistou ou de la tapenade.

Moelleux au pistou, cœur mozzarella

Préparation
10 minutes

Cuisson
18 minutes

Ingrédients pour 6 moelleux
1 bonne cuillerée à soupe de pistou
6 petites billes de mozzarella
50 g de parmesan râpé
3 œufs
100 g de farine
20 cl de lait

/ Préchauffez le four à 210° (th. 7).
/ Dans un saladier, battez les œufs en omelette. Ajoutez progressivement la farine tamisée et mélangez vigoureusement à l'aide d'une fourchette.
/ Ajoutez le lait et mélangez à nouveau afin d'obtenir une pâte bien lisse. Incorporez le pistou et le parmesan râpé.
/ Répartissez la préparation dans 6 moules à muffins et déposez au centre de chacun 1 bille de mozzarella.
/ Enfournez et faites cuire 18 minutes.
/ Laissez tiédir vos moelleux avant de les démouler.

Bon à savoir !
La mozzarella peut être remplacée par de la feta. Si vous n'avez pas de pistou, mixez des feuilles de basilic avec quelques pignons de pin et 1 cuillerée à soupe d'huile d'olive.

Moelleux poire-roquefort

Préparation
15 minutes

Cuisson
15 à 18 minutes

Ingrédients pour 6 moelleux
1 poire
90 g de roquefort
50 g de gruyère râpé
3 œufs
100 g de farine
20 cl de lait

/ Préchauffez le four à 210 °C (th. 7).
/ Dans un saladier, battez les œufs en omelette. Ajoutez progressivement la farine tamisée et mélangez vigoureusement à l'aide d'une fourchette.
/ Dans une casserole, faites chauffer le lait. Ajoutez le roquefort et le gruyère râpé. Laissez-les fondre en remuant.
/ Versez petit à petit le mélange au fromage dans le saladier en remuant bien afin d'obtenir une pâte homogène.
/ Épluchez la poire et coupez-la en petits dés. Incorporez ceux-ci à la pâte.
/ Répartissez la préparation dans 6 moules à muffins. Enfournez et faites cuire 15 à 18 minutes.
/ Laissez tiédir vos moelleux avant de les démouler.

Bon à savoir !
Servez ces moelleux à l'apéritif, accompagnés d'un vin doux, ou en entrée avec une salade aux noix. Vous pouvez ajouter des cerneaux de noix hachés à la pâte ou en saupoudrer le dessus des moelleux juste avant la cuisson.

Mini-moelleux parmesan-olives

Préparation
10 minutes

Cuisson
12 à 15 minutes

Ingrédients pour 12 mini-moelleux
120 g de parmesan râpé
12 olives vertes dénoyautées
2 œufs entiers + 1 jaune
30 g de beurre doux
60 g de farine
20 cl de lait

/ Préchauffez le four à 210 °C (th. 7).
/ Dans un saladier, fouettez les œufs entiers avec le jaune. Ajoutez progressivement la farine tamisée et mélangez vigoureusement à l'aide d'une fourchette.
/ Coupez les olives en petits morceaux.
/ Dans une casserole, faites chauffer le lait avec le beurre en morceaux et le parmesan râpé. Mélangez rapidement pour incorporer le fromage.
/ Versez un tiers de la préparation au fromage dans le saladier, mélangez puis ajoutez le reste. Mélangez à nouveau de manière à obtenir une pâte homogène.
/ Répartissez cette pâte dans les mini-moules puis disposez les morceaux d'olives dans chacun d'eux.
/ Enfournez et faites cuire 12 à 15 minutes.
/ Laissez légèrement tiédir vos moelleux avant de les démouler.

Bon à savoir !
En apéritif dînatoire, proposez-les accompagnés d'un smoothie au concombre, d'un gaspacho ou d'une soupe froide aux petits pois : un régal ! Vous pouvez remplacer le parmesan par de la mimolette vieille ou du gouda vieux râpés, et les olives par des morceaux de poivron ou de tomate séchée.

Moelleux Petit Billy® à la ciboulette

Préparation
10 minutes

Cuisson
20 minutes

Ingrédients pour 6 moelleux
120 g de Petit Billy®
10 brins de ciboulette
3 œufs
50 g de beurre demi-sel
70 g de farine
20 cl de lait

/ Préchauffez le four à 210 °C (th. 7).
/ Dans un saladier, battez les œufs en omelette. Ajoutez progressivement la farine tamisée et mélangez vigoureusement.
/ Incorporez le Petit Billy® et mélangez à la fourchette (il peut rester des petits morceaux de fromage frais dans la pâte, ce sera encore plus moelleux).
/ Dans une casserole, faites chauffer le lait 2 minutes avec le beurre coupé en morceaux.
/ Lorsque le beurre est fondu, versez un tiers du lait chaud dans le saladier, mélangez puis ajoutez le reste de lait.
/ Ciselez les brins de ciboulette et incorporez-les à la pâte.
/ Répartissez la préparation dans 6 moules individuels. Enfournez et faites cuire 15 à 18 minutes selon la taille de vos moules.
/ Laissez légèrement tiédir vos moelleux avant de les démouler.

Bon à savoir !
Vous pouvez remplacer le Petit Billy® par de la ricotta et la ciboulette par les herbes que vous avez sous la main (cerfeuil, coriandre, basilic, persil).
Pour encore plus de moelleux, coupez 6 morceaux de fromage frais. Répartissez la moitié de la pâte dans les moules, déposez 1 morceau de fromage dans chacun et recouvrez du reste de pâte. Pour donner un peu de croquant, ajoutez 1 amande ou quelques raisins secs au centre des moelleux avant la cuisson.

Moelleux aux tomates séchées, cœur tomate cerise

Préparation
15 minutes

Cuisson
18 minutes

Ingrédients pour 6 moelleux
6 tomates cerises
30 g de confit de tomates séchées (ou purée de tomates séchées)
3 œufs
100 g de farine
60 g de parmesan râpé
20 cl de lait

/ Préchauffez le four à 210 °C (th. 7).
/ Dans un saladier, battez les œufs en omelette. Ajoutez progressivement la farine tamisée et mélangez vigoureusement à l'aide d'une fourchette.
/ Versez le lait dans le saladier et mélangez afin d'obtenir une pâte lisse.
/ Incorporez ensuite le confit de tomates et le parmesan râpé.
/ Répartissez la préparation dans 6 moules à muffins ou à cannelés et déposez au centre de chacun 1 tomate cerise.
/ Enfournez et faites cuire 18 minutes.
/ Laissez légèrement tiédir vos moelleux avant de les démouler.

Bon à savoir !
Ces moelleux sont délicieux servis à l'apéritif ou en entrée. Vous pouvez remplacer le confit de tomates par des morceaux de tomates marinées et séchées au soleil ou par du pistou. Si vous aimez le parfum du cumin ou de l'anis, saupoudrez les moelleux de quelques graines avant la cuisson.

Petits moelleux courgette-menthe, cœur carotte

Préparation
25 minutes

Cuisson
20 minutes

Ingrédients pour 8 moelleux
120 g de courgette
160 g de purée de carottes
2 œufs entiers + 1 jaune
100 g de gruyère râpé
60 g de farine
5 feuilles de menthe
20 cl de lait
30 g de beurre doux
1 filet d'huile d'olive
Sel et poivre du moulin

/ Épluchez la courgette et coupez-la en rondelles. Faites-les revenir à la poêle dans un filet d'huile d'olive. Salez et poivrez. Couvrez et laissez cuire 10 minutes.
/ Mixez les courgettes cuites avec les feuilles de menthe. Réservez cette purée.
/ Préchauffez le four à 210 °C (th. 7).
/ Dans un saladier, battez les œufs entiers avec le jaune. Ajoutez la farine tamisée et mélangez vigoureusement à l'aide d'une fourchette.
/ Dans une casserole, faites chauffer le lait avec le beurre coupé en morceaux et le gruyère râpé. Laissez-les fondre en remuant bien le tout.
/ Versez un tiers de ce mélange au fromage dans le saladier, mélangez puis ajoutez le reste. Remuez à nouveau puis incorporez la purée de courgettes.
/ Répartissez la préparation dans 8 moules individuels. Au centre de chacun, déposez 1 belle cuillerée de purée de carottes. Enfournez et faites cuire 20 minutes.
/ Laissez légèrement tiédir vos moelleux avant de les démouler.

Bon à savoir !
Accompagnez ces moelleux d'une belle assiette de charcuterie ou d'une brochette de poisson. La purée de carottes peut être remplacée par une purée de poivrons ou d'aubergines.

Moelleux au gruyère, cœur pomme

Préparation
15 minutes

Cuisson
20 minutes

Ingrédients pour 6 moelleux
100 g de gruyère suisse râpé
1 grosse pomme à cuire
3 œufs
60 g de farine de blé tamisée
20 cl de lait
30 g de beurre doux
+ un peu pour les moules
1 noisette de beurre demi-sel
Sel et poivre du moulin

/ Préchauffez le four à 210 °C (th. 7).

/ Épluchez, épépinez et coupez la pomme en morceaux. Faites-les revenir à la poêle dans le beurre demi-sel, à feu moyen, pendant 5 minutes environ. Écrasez-les à la fourchette.

/ Dans une casserole, faites chauffer le lait avec le beurre en morceaux. Ajoutez le gruyère râpé et mélangez rapidement pour le faire fondre.

/ Dans un saladier, battez les œufs en omelette. Versez progressivement la farine et fouettez vigoureusement à l'aide d'une fourchette.

/ Ajoutez le contenu de la casserole dans le saladier et mélangez le tout afin d'obtenir une pâte homogène. Salez et poivrez.

/ Répartissez la préparation aux deux tiers dans 6 moules beurrés. Déposez au centre de chacun 1 cuillerée à soupe de purée de pomme et recouvrez de pâte.

/ Enfournez et faites cuire 15 minutes environ (selon la taille de vos moules).

/ Laissez tiédir légèrement vos moelleux avant de les démouler.

Bon à savoir !

Vous pouvez réaliser cette recette avec une purée de poires, de figues ou d'abricots et remplacer le gruyère suisse par de l'appenzel ou de la mimolette vieille.

N'hésitez pas à préparer ces moelleux à l'avance puis à les congeler ; vous les ferez cuire, sans les décongeler, 20 minutes à four chaud.

Moelleux aux asperges, cœur sauce hollandaise

Préparation
10 minutes
+ 1 heure au congélateur

Cuisson
15 à 18 minutes

Ingrédients pour 6 moelleux
100 g d'asperges blanches cuites
100 g de sauce hollandaise toute prête (en briquette ou congelée)
2 œufs entiers + 1 jaune
60 g de farine tamisée
20 cl de lait
100 g de parmesan râpé
30 g de beurre doux
+ un peu pour les moules
Sel et poivre du moulin

/ Versez la sauce hollandaise dans 6 cubes à glaçons et placez 1 heure au congélateur.
/ Pendant ce temps, préparez les moelleux : mixez les asperges.
/ Dans une casserole, faites chauffer le lait avec le beurre en morceaux. Ajoutez le parmesan et mélangez rapidement pour le faire fondre.
/ Dans un saladier, battez les œufs entiers avec le jaune. Versez progressivement la farine et fouettez vigoureusement à l'aide d'une fourchette.
/ Ajoutez le contenu de la casserole dans le saladier et mélangez le tout afin d'obtenir une pâte homogène. Incorporez la purée d'asperges. Salez et poivrez.
/ Répartissez la préparation dans les moules beurrés et placez-les au réfrigérateur jusqu'à ce que les glaçons soient pris.
/ Préchauffez le four à 210 °C (th. 7).
/ Enfoncez 1 glaçon de sauce hollandaise au centre de chaque moelleux.
/ Enfournez et faites cuire 15 à 18 minutes.
/ Laissez tiédir légèrement vos moelleux avant de les démouler.

Bon à savoir !
Vous pouvez réaliser cette recette avec des asperges vertes et 1 glaçon de purée de tomates mixée avec 1 anchois.

Moelleux au poulet, cœur curry

Préparation
15 minutes
+ 1 heure au congélateur

Cuisson
18 minutes

Ingrédients pour 6 moelleux
100 g de blanc de poulet cuit
100 g de parmesan râpé
3 œufs
15 cl de sauce au curry toute prête (type Uncle Ben's®)
60 g de farine de blé tamisée
20 cl de lait
30 g de beurre doux
+ un peu pour les ramequins

/ Versez la sauce au curry dans 6 cubes à glaçons et placez 1 heure au congélateur.
/ Pendant ce temps, préparez vos moelleux : coupez le blanc de poulet en dés.
/ Dans une casserole, faites chauffer le lait avec le beurre. Ajoutez le parmesan et mélangez rapidement pour le faire fondre.
/ Dans un saladier, battez les œufs en omelette. Versez progressivement la farine et fouettez vigoureusement à l'aide d'une fourchette.
/ Ajoutez le contenu de la casserole dans le saladier et mélangez le tout afin d'obtenir une pâte homogène. Incorporez les dés de poulet.
/ Répartissez la préparation dans 6 jolis ramequins beurrés et placez-les au réfrigérateur jusqu'à ce que les glaçons de sauce soient pris.
/ Préchauffez le four à 210 °C (th. 7).
/ Enfoncez 1 glaçon de sauce au curry au centre de chaque moelleux.
/ Enfournez et faites cuire 18 minutes.
/ Laissez tiédir légèrement vos moelleux avant de les déguster.

Bon à savoir !
Vous pouvez remplacer la sauce au curry par du lait de coco ou par 1 cuillerée à café de chutney de mangue (que vous ne congèlerez pas) déposée au centre de chaque moelleux.

Cuillères de moelleux chèvre-cumin

Préparation
10 minutes

Cuisson
9 minutes

Ingrédients pour 10 cuillères
80 g de fromage de chèvre cendré
3 œufs
80 g de gruyère râpé
60 g de farine de blé tamisée
1 cuillerée à soupe de cumin
20 cl de lait
30 g de beurre doux
+ un peu pour les cuillères

/ Préchauffez le four à 210 °C (th. 7).
/ Dans une casserole, faites chauffer le lait avec le beurre. Ajoutez le gruyère ainsi que le cumin et faites cuire 3 minutes en remuant.
/ Dans un saladier, battez les œufs en omelette. Versez progressivement la farine et fouettez vigoureusement à l'aide d'une fourchette.
/ Ajoutez le contenu de la casserole dans le saladier et mélangez le tout afin d'obtenir une pâte homogène.
/ Coupez le fromage de chèvre en dés, réservez-en 10 et mélangez les autres à la pâte.
/ Répartissez la préparation dans 10 cuillères en porcelaine beurrées et déposez 1 dé de fromage au centre de chacune.
/ Placez les cuillères sur une plaque. Enfournez et faites cuire 6 minutes.
/ Laissez tiédir légèrement avant de déguster à l'apéritif.

Bon à savoir !
Vous pouvez remplacer le fromage de chèvre par un fromage persillé de type roquefort et le cumin par de la menthe ciselée.

Moelleux au crabe, cœur moutarde à l'ancienne

Préparation
15 minutes
+ 1 heure au congélateur

Cuisson
18 minutes

Ingrédients pour 6 moelleux
100 g de chair de crabe
100 g de parmesan râpé
3 œufs
15 cl de sauce moutarde à l'ancienne (type Knorr®)
60 g de farine de blé tamisée
20 cl de lait
30 g de beurre doux + un peu pour les moules
Sel et poivre du moulin

/ Versez la sauce moutarde dans 6 cubes à glaçons et placez 1 heure au congélateur.
/ Pendant ce temps, préparez vos moelleux : émiettez la chair de crabe et égouttez-la.
/ Dans une casserole, faites chauffer le lait avec le beurre en morceaux. Ajoutez le parmesan râpé et mélangez rapidement pour le faire fondre.
/ Dans un saladier, battez les œufs en omelette. Versez progressivement la farine et fouettez vigoureusement à l'aide d'une fourchette.
/ Ajoutez le contenu de la casserole dans le saladier et mélangez le tout afin d'obtenir une pâte homogène. Incorporez la chair de crabe. Salez et poivrez.
/ Répartissez la préparation dans 6 moules beurrés et placez au réfrigérateur jusqu'à ce que les glaçons de sauce moutarde soient pris.
/ Préchauffez le four à 210 °C (th. 7).
/ Enfoncez 1 glaçon de sauce moutarde au centre de chaque moelleux.
/ Enfournez et faites cuire 18 minutes.
/ Laissez tiédir légèrement vos moelleux avant de les démouler.

Bon à savoir !
Vous trouverez la sauce moutarde à l'ancienne en brique au rayon sauces de votre supermarché. Sinon, mélangez 2 bonnes cuillerées à soupe de moutarde à l'ancienne avec 10 cl de crème liquide.

Petits moelleux au fromage basque, cœur griotte

Préparation
15 minutes

Cuisson
16 minutes

Ingrédients pour 8 petits moelleux
100 g de fromage de brebis
3 œufs
8 cuillerées à café de confiture de griottes
60 g de farine de blé tamisée
20 cl de lait
30 g de beurre doux
+ un peu pour les moules
Sel et poivre du moulin

/ Préchauffez le four à 210 °C (th. 7).
/ Râpez le fromage de brebis ou coupez-le en petits morceaux.
/ Dans une casserole, faites chauffer le lait avec le beurre en morceaux. Ajoutez le fromage et mélangez rapidement pour le faire fondre.
/ Dans un saladier, battez les œufs en omelette. Ajoutez progressivement la farine et fouettez vigoureusement à l'aide d'une fourchette.
/ Versez le contenu de la casserole dans le saladier et mélangez le tout afin d'obtenir une pâte homogène. Salez et poivrez.
/ Répartissez la préparation dans 8 petits moules beurrés et déposez 1 cuillerée à café de confiture de griottes au centre de chacun.
/ Enfournez et faites cuire 16 minutes.
/ Laissez tiédir légèrement vos moelleux avant de les démouler.

Bon à savoir !
Servez ces moelleux avec une salade d'endives agrémentée de ciboulette.
Vous pouvez remplacer la confiture de griottes par 1 cerise ou 1 figue fraîches.

Moelleux au saumon fumé, cœur asperge verte

Préparation
15 minutes
+ 1 heure au congélateur

Cuisson
18 minutes

Ingrédients pour 6 moelleux
20 cl de lait
30 g de beurre doux
+ un peu pour les moules
100 g de gruyère râpé
100 g de saumon fumé
3 œufs
60 g de farine de sarrasin tamisée
15 cl de velouté d'asperges vertes
Sel et poivre du moulin

/ Versez le velouté d'asperges dans 6 cubes à glaçons et placez 1 heure au congélateur.
/ Pendant ce temps, préparez vos moelleux : coupez le saumon en petits morceaux.
/ Dans une casserole, faites chauffer le lait avec le beurre en morceaux. Ajoutez le gruyère râpé et mélangez rapidement pour le faire fondre. Hors du feu, incorporez le saumon.
/ Dans un saladier, battez les œufs en omelette. Versez progressivement la farine et fouettez vigoureusement à l'aide d'une fourchette.
/ Versez le contenu de la casserole dans le saladier et mélangez le tout afin d'obtenir une pâte homogène. Salez et poivrez à votre convenance.
/ Répartissez la préparation dans 6 moules beurrés et placez les au réfrigérateur jusqu'à ce que les glaçons de velouté soient pris.
/ Préchauffez le four à 210 °C (th. 7).
/ Placez 1 glaçon de velouté au centre de chaque moelleux.
/ Enfournez et faites cuire 18 minutes.
/ Laissez tiédir légèrement vos moelleux avant de les démouler.

Bon à savoir !
Le sarrasin se marie parfaitement avec le saumon fumé et l'asperge. Vous pouvez remplacer le velouté d'asperges par un velouté de poireaux.
Dégustez ces moelleux avec une salade composée de concombre, fenouil et salade verte.

Petits moelleux aux champignons de Paris, cœur Tartare®

Préparation
15 minutes

Cuisson
18 minutes

Ingrédients pour 8 moelleux
100 g de champignons de Paris en boîte
6 portions de fromage type Tartare®
100 g de parmesan râpé
3 œufs
60 g de farine de blé tamisée
20 cl de lait
30 g de beurre doux
+ un peu pour les moules
Sel et poivre du moulin

/ Préchauffez le four à 210 °C (th. 7).
/ Égouttez et mixez les champignons.
/ Dans une casserole, faites chauffer le lait avec le beurre en morceaux. Ajoutez le parmesan râpé et mélangez rapidement pour le faire fondre. Hors du feu, incorporez les champignons mixés.
/ Dans un saladier, battez les œufs en omelette. Versez progressivement la farine et fouettez vigoureusement à l'aide d'une fourchette.
/ Ajoutez le contenu de la casserole dans le saladier et mélangez le tout afin d'obtenir une pâte homogène. Salez et poivrez.
/ Répartissez la préparation dans 8 moules beurrés et déposez 1 portion de fromage au centre de chacun.
/ Enfournez et faites cuire 18 minutes.
/ Laissez tiédir légèrement vos moelleux avant de les démouler.

Bon à savoir !
Ces moelleux seront délicieux avec une salade de fenouil. Vous pouvez remplacer les champignons par du jambon mixé et le Tartare® par 1 cuillerée à café de beurre d'escargot ou de confit d'oignons.

Verrines de moelleux façon thaïe

Préparation
10 minutes
+ 1 heure au congélateur

Cuisson
16 minutes

Ingrédients pour 6 verrines
100 g de parmesan râpé
10 cl de lait de coco
3 œufs
60 g de farine de blé tamisée
20 g d'herbes fraîches
(coriandre et ciboule)
1 cuillerée à café d'écorce
de citronnelle
20 cl de lait
30 g de beurre doux
+ un peu pour les verrines
Sel et poivre du moulin

/ Versez le lait de coco dans 6 cubes à glaçons et placez 1 heure au congélateur.
/ Pendant ce temps, préparez vos moelleux : rincez et mixez les herbes.
/ Dans une casserole, faites chauffer le lait avec les écorces de citronnelle à feu doux pendant 3 minutes. Ajoutez le beurre en morceaux et mélangez. Une fois le beurre fondu, retirez les écorces de citronnelle. Ajoutez le parmesan râpé et mélangez rapidement pour le faire fondre.
/ Dans un saladier, battez les œufs en omelette. Versez progressivement la farine et fouettez vigoureusement à l'aide d'une fourchette.
/ Ajoutez le contenu de la casserole dans le saladier et mélangez le tout afin d'obtenir une pâte homogène. Incorporez les herbes mixées. Salez et poivrez à votre convenance.
/ Répartissez la préparation dans 8 verrines beurrées et placez au réfrigérateur jusqu'à ce que les glaçons au lait de coco soient pris.
/ Préchauffez le four à 210 °C (th. 7).
/ Enfoncez 1 glaçon au lait de coco au centre de chaque verrine.
/ Enfournez et faites cuire 16 minutes.
/ Laissez tiédir légèrement vos moelleux avant de les déguster.

Bon à savoir !
Vous pouvez remplacer les glaçons au lait de coco par un morceau de fromage de chèvre ou de fromage frais. Une cuillerée à café de curry ajoutée aux œufs parfumera agréablement vos moelleux.

Moelleux au potiron, cœur pain d'épices

Préparation
15 minutes

Cuisson
18 minutes

Ingrédients pour 6 moelleux
15 cl de soupe de potiron
30 g de pain d'épices
3 œufs
100 g de gruyère râpé
15 cl de sauce béchamel toute prête
(en briquette ou congelée)
70 g de farine de blé tamisée
15 cl de lait
30 g de beurre doux
+ un peu pour les moules
Sel et poivre du moulin

/ Préchauffez le four à 210 °C (th. 7).
/ Mixez le pain d'épices puis mélangez-le à la sauce béchamel. Réservez au réfrigérateur.
/ Dans une casserole, faites chauffer le lait avec la soupe de potiron et le beurre. Ajoutez le gruyère râpé et mélangez rapidement pour le faire fondre.
/ Dans un saladier, battez les œufs en omelette. Versez progressivement la farine et fouettez vigoureusement à l'aide d'une fourchette.
/ Ajoutez le contenu de la casserole dans le saladier et mélangez le tout afin d'obtenir une pâte homogène. Salez et poivrez à votre convenance.
/ Répartissez la préparation dans 6 moules beurrés puis déposez 1 cuillerée à café de béchamel refroidie au centre de chacun.
/ Enfournez et faites cuire 18 minutes.
/ Laissez tiédir légèrement vos moelleux avant de les démouler.

Bon à savoir !
Pour accompagner ces moelleux, une salade d'endives agrémentée de petits dés de foie gras sera parfaite. Essayez cette recette avec de la carotte. Vous pouvez remplacer le pain d'épices par des dés de foie gras que vous mélangerez à la béchamel.

Moelleux au cidre, cœur camembert

Préparation
10 minutes

Cuisson
20 minutes

Ingrédients pour 6 moelleux
½ camembert
100 g de gruyère râpé
3 œufs
60 g de farine de blé tamisée
10 cl de cidre brut
15 cl de lait
30 g de beurre doux
+ un peu pour les moules
Sel et poivre du moulin

/ Préchauffez le four à 210 °C (th. 7).
/ Dans une casserole, faites chauffer le lait avec le beurre en morceaux. Ajoutez le gruyère râpé et mélangez rapidement pour le faire fondre. Versez le cidre et mélangez à nouveau.
/ Dans un saladier, battez les œufs en omelette. Versez progressivement la farine et fouettez vigoureusement à l'aide d'une fourchette.
/ Ajoutez le contenu de la casserole dans le saladier et mélangez afin d'obtenir une pâte homogène. Salez et poivrez.
/ Coupez le camembert en 6 parts.
/ Répartissez la préparation dans 6 moules beurrés et déposez 1 part de camembert au centre de chacun.
/ Enfournez et faites cuire 20 minutes.
/ Laissez tiédir légèrement vos moelleux avant de les démouler.

Bon à savoir !
Le cidre donne à la recette un goût de pomme qui se marie bien avec le camembert. Vous pouvez aussi réaliser ces moelleux avec un fromage de chèvre. Pour démouler plus facilement si vous utilisez des ramequins, disposez 2 bandes de papier sulfurisé.

Moelleux au poivron, cœur tapenade

Préparation
15 minutes

Cuisson
18 minutes

Ingrédients pour 6 moelleux
100 g de poivron rouge
6 cuillerées à soupe de tapenade
100 g de parmesan râpé
3 œufs
60 g de farine de blé tamisée
20 cl de lait
30 g de beurre doux
+ un peu pour les moules

/ Préchauffez le four à 210 °C (th. 7).
/ Mixez la chair du poivron en une fine purée.
/ Dans une casserole, faites chauffer le lait avec le beurre en morceaux. Ajoutez le parmesan râpé et mélangez rapidement pour le faire fondre. Hors du feu, incorporez la purée de poivron.
/ Dans un saladier, battez les œufs en omelette. Versez progressivement la farine et fouettez vigoureusement avec une fourchette.
/ Ajoutez le contenu de la casserole dans le saladier et mélangez le tout afin d'obtenir une pâte homogène.
/ Répartissez la préparation dans 6 moules beurrés et déposez 1 cuillerée à soupe de tapenade au centre de chacun.
/ Enfournez et faites cuire 18 minutes.
/ Laissez tiédir légèrement vos moelleux avant de les démouler.

Bon à savoir !
Accompagnez ces moelleux d'une salade verte assaisonnée d'huile, de vinaigre et d'1 anchois mixé. Vous pouvez remplacer la tapenade par du pistou, de la sauce tomate ou du basilic mixé.

Moelleux au haddock, cœur aneth

Préparation
15 minutes
+ 1 heure au congélateur

Cuisson
21 minutes

Ingrédients pour 6 moelleux
150 g de haddock cuit
3 œufs
15 cl de sauce hollandaise toute prête (en briquette ou congelée)
30 g d'aneth
100 g de gruyère râpé
60 g de farine de blé tamisée
20 cl de lait
30 g de beurre doux
+ un peu pour les moules
Sel et poivre du moulin

/ Hachez l'aneth et mélangez-le à la sauce hollandaise.
/ Versez la sauce hollandaise à l'aneth dans 6 cubes à glaçons et placez 1 heure au congélateur.
/ Pendant ce temps, préparez vos moelleux : émiettez le haddock.
/ Dans une casserole, faites chauffer 3 minutes le lait avec le beurre. Ajoutez le gruyère râpé et mélangez rapidement pour le faire fondre.
/ Dans un saladier, battez les œufs en omelette. Versez progressivement la farine et fouettez vigoureusement à l'aide d'une fourchette.
/ Ajoutez le contenu de la casserole dans le saladier et mélangez le tout afin d'obtenir une pâte homogène. Salez et poivrez à votre convenance.
/ Répartissez la préparation dans 6 moules beurrés et placez au réfrigérateur jusqu'à ce que les glaçons de sauce soient pris.
/ Préchauffez le four à 210 °C (th. 7).
/ Enfoncez 1 glaçon de sauce dans chaque moelleux.
/ Enfournez et faites cuire 18 minutes.
/ Laissez tiédir légèrement vos moelleux avant de les démouler.

Bon à savoir !
Le haddock peut être remplacé par de la morue ou un autre poisson fumé : saumon, truite, …

Les moelleux du mercredi

Préparation
10 minutes

Cuisson
15 minutes

Ingrédients pour 6 moelleux
100 g de jambon blanc haché
80 g de gruyère râpé
3 œufs
3 Kiri®
60 g de farine de blé tamisée
20 cl de lait
30 g de beurre doux
+ un peu pour les moules
Sel et poivre du moulin

/ Préchauffez le four à 210 °C (th. 7).
/ Dans une casserole, faites chauffer le lait avec le beurre en morceaux. Ajoutez le gruyère râpé et mélangez rapidement pour le faire fondre. Hors du feu, incorporez le jambon haché.
/ Dans un saladier, battez les œufs en omelette. Versez progressivement la farine et fouettez vigoureusement à l'aide d'une fourchette.
/ Ajoutez le contenu de la casserole dans le saladier et mélangez le tout afin d'obtenir une pâte homogène. Salez et poivrez à votre convenance.
/ Répartissez la préparation dans 6 moules beurrés et disposez au centre de chacun la moitié d'1 Kiri®.
/ Enfournez et faites cuire 15 minutes.
/ Laissez tiédir légèrement vos moelleux avant de les démouler.

Bon à savoir !
Accompagnez ces moelleux d'une salade de crudités. Vous pouvez remplacer le gruyère par du parmesan ou de la mimolette vieille et le Kiri® par 1 bille de mozzarella.

Verrines de moelleux au saumon, cœur ciboulette

Préparation
20 minutes
+ 1 heure au congélateur

Cuisson
22 minutes

Ingrédients pour 6 verrines
150 g de darne de saumon
3 œufs
60 g de farine de blé tamisée
30 g de ciboulette
10 cl de sauce hollandaise toute prête (en briquette ou congelée)
20 cl de lait
100 g de gruyère râpé
1 cuillerée à soupe d'huile d'olive
30 g de beurre doux
+ un peu pour les verrines
Sel et poivre du moulin

/ Ciselez la ciboulette et mélangez-en la moitié à la sauce hollandaise.
/ Versez la sauce hollandaise à la ciboulette dans 6 cubes à glaçons et placez 1 heure au congélateur.
/ Pendant ce temps, préparez vos moelleux : faites cuire la darne de saumon dans une poêle bien chaude avec l'huile d'olive, 3 minutes de chaque côté. Laissez-la refroidir et émiettez-la.
/ Dans une casserole, faites chauffer le lait avec le beurre en morceaux. Ajoutez le gruyère râpé et mélangez rapidement pour le faire fondre.
/ Dans un saladier, battez les œufs en omelette. Versez progressivement la farine et fouettez vigoureusement à l'aide d'une fourchette.
/ Ajoutez le contenu de la casserole dans le saladier et mélangez le tout afin d'obtenir une pâte homogène. Salez et poivrez. Incorporez le saumon émietté et le reste de ciboulette ciselée.
/ Répartissez la préparation dans 6 verrines beurrées et placez-les au réfrigérateur jusqu'à ce que les glaçons de sauce soient pris.
/ Préchauffez le four à 210 °C (th. 7).
/ Enfoncez 1 glaçon de sauce au centre de chaque verrine.
/ Enfournez et faites cuire 16 minutes.
/ Laissez tiédir légèrement vos moelleux avant de les déguster.

Moelleux à la tomate, cœur pistou

Préparation
15 minutes
+ 1 heure au congélateur

Cuisson
15 minutes

Ingrédients pour 6 moelleux
100 g de purée de tomates
100 g de parmesan râpé
6 bonnes cuillerées à café de pistou
3 œufs
60 g de farine de blé tamisée
20 cl de lait
30 g de beurre doux
+ un peu pour les moules
Poivre du moulin

/ Versez le pistou dans 6 cubes à glaçons et placez 1 heure au congélateur.
/ Pendant ce temps, préparez vos moelleux : dans une casserole, faites chauffer le lait avec le beurre en morceaux. Ajoutez le parmesan râpé et mélangez rapidement pour le faire fondre. Hors du feu, incorporez la purée de tomates.
/ Dans un saladier, battez les œufs en omelette. Versez progressivement la farine et fouettez vigoureusement à l'aide d'une fourchette.
/ Ajoutez le contenu de la casserole dans le saladier et mélangez le tout afin d'obtenir une pâte homogène. Poivrez.
/ Répartissez la préparation dans 6 moules beurrés et placez-les au réfrigérateur jusqu'à ce que les glaçons de pistou soient pris.
/ Préchauffez le four à 210 °C (th. 7).
/ Enfoncez 1 glaçon de pistou au centre de chaque moelleux et faites cuire 18 minutes.
/ Laissez tiédir légèrement vos moelleux avant de les démouler .

Bon à savoir !
Dégustez ces moelleux sur une salade de feuilles de chêne et de tomates marinées à l'huile. La qualité de la purée de tomates fera toute la différence. Si vous n'en avez pas, utilisez une bonne sauce tomate. Vous pouvez ajouter des pignons de pin dans le pistou avant de congeler les glaçons.

Mini-moelleux au foie gras, cœur figues

Préparation
10 minutes

Cuisson
12 minutes

Ingrédients pour 12 mini-moelleux
100 g de foie gras
3 œufs
12 cuillerées à café de confiture de figues ou de chutney
80 g de gruyère râpé
60 g de farine de blé tamisée
20 cl de lait
30 g de beurre doux
Sel et poivre du moulin

/ Préchauffez le four à 210 °C (th. 7).
/ Coupez le foie gras en petits dés.
/ Dans une casserole, faites chauffer le lait avec le beurre en morceaux et la moitié des dés de foie gras. Ajoutez le gruyère râpé et mélangez rapidement pour le faire fondre.
/ Dans un saladier, battez les œufs en omelette. Versez progressivement la farine et fouettez vigoureusement à l'aide d'une fourchette.
/ Ajoutez le contenu de la casserole dans le saladier et mélangez le tout afin d'obtenir une pâte homogène. Incorporez le reste des dés de foie gras. Salez et poivrez.
/ Répartissez la préparation dans 12 mini-moules et déposez au centre de chacun 1 cuillerée à café de confiture de figues.
/ Enfournez et faites cuire 12 minutes.
/ Laissez tiédir légèrement vos mini-moelleux avant de les démouler.

Bon à savoir !
Vous pouvez parfumer la confiture de figues avec quelques brins de thym frais ou ajouter 1 cuillerée à soupe de feuilles de thym dans le mélange lait-foie gras au moment de le faire chauffer.
La confiture de figues peut être remplacée par de la confiture d'oignons.
Si vous congelez ces moelleux crus, faites-les cuire sans les décongeler 15 minutes.

Moelleux aux haricots verts, cœur estragon

Préparation
15 minutes
+ 1 heure au congélateur

Cuisson
18 minutes

Ingrédients pour 6 moelleux
100 g de haricots verts cuits
15 g d'estragon
3 œufs
100 g de gruyère râpé
60 g de farine de blé tamisée
10 cl de sauce hollandaise toute prête (en briquette ou congelée)
20 cl de lait
30 g de beurre doux
+ un peu pour les moules
Sel et poivre

/ Ciselez l'estragon et mélangez-le à la sauce hollandaise.
/ Versez la sauce hollandaise à l'estragon dans 6 cubes à glaçons et placez 1 heure au congélateur.
/ Pendant ce temps, préparez vos moelleux : écrasez les haricots verts en purée avec une fourchette.
/ Dans une casserole, faites chauffer le lait avec le beurre en morceaux. Ajoutez le gruyère râpé et mélangez rapidement pour le faire fondre.
/ Dans un saladier, battez les œufs en omelette. Versez progressivement la farine et fouettez vigoureusement à l'aide d'une fourchette.
/ Ajoutez le contenu de la casserole dans le saladier et mélangez le tout afin d'obtenir une pâte homogène. Salez et poivrez. Incorporez la purée de haricots verts.
/ Répartissez la préparation dans 6 moules beurrés et placez-les au réfrigérateur jusqu'à ce que les glaçons de sauce soient pris.
/ Préchauffez le four à 210 °C (th. 7).
/ Enfoncez 1 glaçon de sauce au centre de chaque moelleux.
/ Enfournez et faites cuire 18 minutes.
/ Laissez tiédir légèrement vos moelleux avant de les démouler.

Bon à savoir !
Accompagnez d'une salade verte, poivron et feta.

Petits moelleux aux anchois, cœur basilic

Préparation
15 minutes

Cuisson
18 minutes

Ingrédients pour 8 moelleux
20 cl de lait
4 anchois
100 g de gruyère râpé
3 œufs
60 g de farine de blé tamisée
15 cl de sauce béchamel toute prête (en briquette ou congelée)
20 g de basilic
30 g de beurre doux + un peu pour les moules

/ Préchauffez le four à 210 °C (th. 7).
/ Hachez le basilic et mélangez-le à la sauce béchamel. Réservez au réfrigérateur.
/ Coupez les anchois en petits dés.
/ Dans une casserole, faites chauffer 3 minutes le lait avec le beurre. Ajoutez le gruyère râpé et mélangez rapidement pour le faire fondre.
/ Dans un saladier, battez les œufs en omelette. Versez progressivement la farine et fouettez vigoureusement à l'aide d'une fourchette.
/ Ajoutez le contenu de la casserole dans le saladier et mélangez le tout afin d'obtenir une pâte homogène. Incorporez les anchois.
/ Répartissez la préparation dans 8 moules beurrés puis déposez 1 cuillerée à café de béchamel au basilic refroidie au centre de chacun.
/ Enfournez et faites cuire 15 minutes.
/ Laissez tiédir légèrement vos moelleux avant de les démouler.

Bon à savoir !
Vous pouvez remplacer les anchois par des câpres. Réalisez ces moelleux dans des mini-moules et servez à l'apéritif.

Moelleux au chèvre, cœur miel

Préparation
10 minutes

Cuisson
15 à 18 minutes

Ingrédients pour 6 moelleux
100 g de fromage de chèvre cendré
30 g de gruyère râpé
3 œufs
60 g de farine de campagne ou de céréales tamisée
20 cl de lait
6 cuillerées à café de miel
30 g de beurre doux
Sel et poivre du moulin

/ Préchauffez le four à 210 °C (th. 7).
/ Dans une casserole, faites chauffer le lait avec le beurre en morceaux. Ajoutez le fromage de chèvre coupé en dés ainsi que le gruyère et mélangez rapidement pour les faire fondre.
/ Dans un saladier, battez les œufs en omelette. Versez progressivement la farine et fouettez vigoureusement à l'aide d'une fourchette.
/ Ajoutez le contenu de la casserole dans le saladier et mélangez le tout afin d'obtenir une pâte homogène. Salez et poivrez.
/ Répartissez la préparation dans 6 moules à muffins puis déposez au centre de chacun 1 cuillerée à café de miel.
/ Enfournez et faites cuire 15 à 18 minutes.
/ Laissez tiédir légèrement vos moelleux avant de les démouler.

Bon à savoir !
Vous pouvez remplacer le chèvre par un fromage persillé type roquefort et ajouter des cerneaux de noix hachés dans la pâte. Ces moelleux sont délicieux à l'apéritif (préparés dans des mini-moules) ou servis sur une salade de frisée, poire et cumin.

Remerciements

Je tiens à remercier tout particulièrement les éditions Mango pour m'avoir permis de réaliser ce super Craquez sur les moelleux salés. Plus je lis les recettes, plus je me régale !
Merci à Adèle et à Barbara !
Un grand merci à mon photographe préféré d'être venu jusqu'à moi, dans le golfe du Morbihan, pour réaliser les photos. « La lumière est vachement belle, non ? »
Merci à ma famille et à mes amis d'être toujours aussi enthousiastes lorsqu'il s'agit de goûter mes recettes. Je ne comprends pas pourquoi...
Merci à Nathalie pour son aide précieuse en cuisine et, enfin, merci à vous de feuilleter ce livre avec gourmandise.

Shopping :

MONOPRIX
LAFAYETTE MAISON
HABITAT
CARREFOUR
IKEA
CASA
LAURA ASHLEY
LINUM
LE PRINTEMPS